河北
大人メイク論

河北 裕介

PROLOGUE

はじめに

大人のメイクって、何？ 何歳から？
一言で言うのは、難しいですが
自分の見られ方に、客観性を持ったときからな気がします。
流行のメイクを纏うことより
自分の顔や個性を大事にしたいと思うなら
この本を、読んでください。
必ず、自分の顔が好きになれる
シンプルなメイクにたどり着けます。

河北 裕介

CONTENTS

PROLOGUE／はじめに 2

INTRODUCTION／大人のメイクとは？ 6

CHAPTER1／3 Faces：メイクは3パターンあればいい 12
・目の形別 3つのメイク 24

CHAPTER2／Favorite Cosmetics：河北神コスメ 32

CHAPTER3／Basic Make-up：河北メイクの基本 46
・メイク前のスキンケア 50
・マッサージの基本 52
・ベースメイク 4つのルール 54
・ベースメイクの基本 56
・アイメイクの基本 60
・チークの基本 62
・リップの基本 63

KAWAKITA COLUMN／洒落てる顔を作る シャドウとリップのカラーコーデ 64

CHAPTER4／Complex：コンプレックスをメイクで解消 ...66
・顔型・肌のコンプレックス 70
・唇のコンプレックス 80

CHAPTER5 ／ Eyebrow：河北眉 84

- ・眉の理想バランス 88
- ・眉メイクの基本 90
- ・お悩み別 眉の描き方 92
- ・お悩み別 眉見本帖 98

KAWAKITA COLUMN ／美しい人は美しい体から 100

CHAPTER6 ／ Hair：河北ヘア 102

- ・河北ヘア マストアイテム 106
- ・河北ヘアの基本 108
- ・ウェーブの基本 110
- ・KAWAKITA ウェーブ 112
- ・河北アレンジ法 114
- ・ヘアにまつわるトラブル Q&A 117

KAWAKITA COLUMN ／長谷川潤と考える大人のヘアメイク 120

ANALECTS ／ KAWAKITA 語録 122

SHOP LIST ／ショップリスト 124

STAFF ／スタッフ 125

EPILOGUE ／おわりに 126

大人の
メイクとは？

女性の魅力≠若さ。
執着は捨てていい

シミやシワが何だか目立ってきた。
去年着ていた服が似合わない。
最近、男性からの誘いが減ったような……。
そんな年齢を重ねるにつれて感じる
変化に不安になる人も少なくないはず。
でもここで、若さへ執着するのはやめよう。
だって、女性の魅力や美しさを作るのは、
若さではないのだから。

年齢を重ねることで得る
深みや色気がある

確かに、老けて見られたくはない。
だけど年齢を重ねることは、決して
ネガティヴなことではないと知ってほしい。
なぜなら、生きてきた分だけ、
深みが増し、味となり、それが色気に変わる。
必要以上に若く見せる必要なんてない。
時間も、経験も、失敗も重ねたからこその、
今のあなたがいるのだから。

自分を知っていることは
最高の武器になる

若いうちは、どんどんトライしてほしい。
様々なことを経験するべきだし、
失敗をすることで、学ぶこともある。
30歳を超えたら、今度はその経験を生かす時期。
何が似合うのか、似合わないのか。
どこが魅力なのか、どこを隠すべきなのか。
もう、自分ではわかっているはず。
自分を知っていること以上に勝る強みはない。

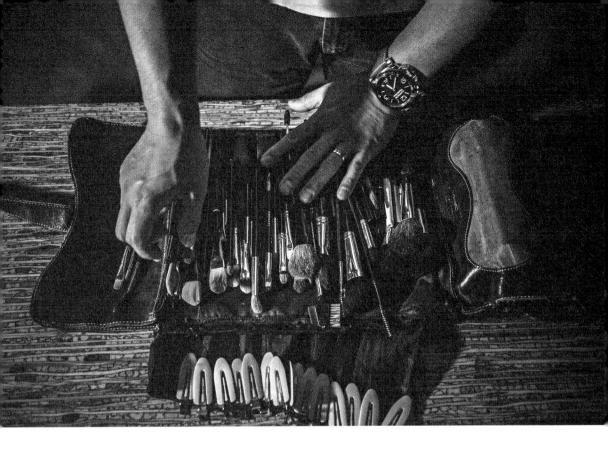

自分を受け入れて生かす ことができればイイ女!

誰かになろう、なんて思わなくていい。
誰かと同じでいる必要もない。
誰かのために、媚びることもない。
あなたには、あなたにしかない魅力がある。
メイクは、それを引き出すことのできる最高の手段。
客観的に自分自身を見られるようになったとき、
年齢も、コンプレックスも、すべてを超越した、
最高に魅力的で美しい自分に出会えるはず。

CHAPTER 1

3 Faces

メイクは3パターンあればいい！

女に必要なのは
３つの顔を持つこと

1パターンのメイクしかできない女性はもったいない。だからといって、トレンドを何でもかんでも取り入れて、個性がブレてしまうのも残念。ときにナチュラルだったり、カッコよかったり……と、いろんな顔を持った女性って、飽きないし色っぽい。でも、ハマってなければ意味はないのだから、あれもこれも取り入れる必要なんてない。自分らしさを表現できる本当に似合うメイクなら、1シーズンに3パターンあれば十分。その3つを、場所やファッションに合わせてコーディネートする。そうすれば、いつでも新鮮で洒落た女になれる。

CHAPTER 1：3つの顔

Nude
Face

生き様さえ透けて見えるような
ナチュラルさが心地よい

丁寧なライフスタイルを想像させる肌を主役に、隠しすぎず、
さらけ出しすぎず、"やりました"感のない余裕を見せつける。
そのぐらいの駆け引きが、大人にはちょうどいい。

CHAPTER 1：3つの顔

Modern Face

目指すのは、芯の強さを感じさせる端正な顔立ち

顔はパーソナリティを表す名刺代わり。大人なら、自己満だけのメイクはもうやめるべき。相手にどう見られたいのか、どう見られているのかと客観視をして、自分を"高く"見せよう。

CHAPTER 1：3つの顔

Noble Face

大胆に、ドラマティックに。
メイクで人生を謳歌したい

ときにはリップに、ときには目元に、"私らしさ"を纏って。
ただし、ポイントはひとつに絞るのが大人のマナー。
メイクを楽しむ気持ちは、いくつになっても忘れないでいたい。

CHAPTER 1：3つの顔

3つの顔の
メイク解説

大人の女性にしてほしい3つのメイクを提案。ギャップは狙えど、
盛りすぎず、パーソナリティを感じさせる素を残すのが河北流。
印象はこんなにも違うのに、実は難しいテクは一切ナシ！

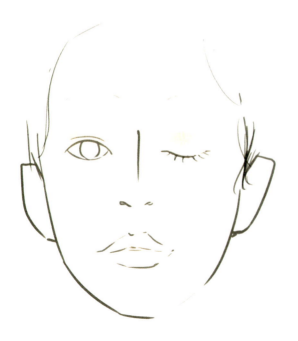

**ツヤ質感にこだわり
生命力を感じさせて**

ベージュシャドウをアイホール全体
に。繊細なパールがかったアイシャド
ウなら塗るだけでメリハリEYEに。
唇全体には、シアーなベージュリップ
を直塗りして、とことんヌーディに。
生っぽいベースメイクが立体顔を作
るので、ノーチークでOK。

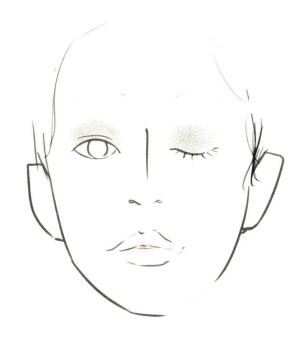

**顔立ちに深みが増す
求心的なアイメイク**

グレイッシュなシャドウを目頭からアイホール全体に広げる。さり気なく求心的な彫りの深い顔立ちに。下まぶたにもサラッと纏い、目ヂカラを強めて。ブラウンのチークを気配程度に頬骨に入れ、唇全体にはシアーなブラウンを。

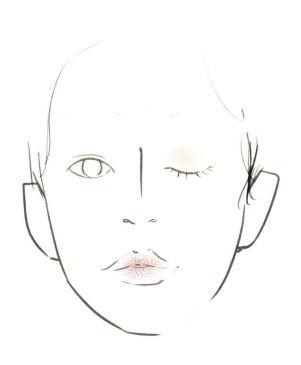

**鮮烈リップを主役に、
女であることを楽しんで**

まるでワインで唇が染まったかのような、ブラッディリップを主役に。ポイントとなる色みは1点に絞るため、あえてノーチークに。目元はブラウンシャドウでナチュラルにしつつも、顔立ちが間延びしないよう、眉はやや強めに描く。

CHAPTER 1：3つの顔

目の形別3つのメイク

自分の魅力を最大限に引き出すには、まず自分自身を知り、
似合うメイクの見極めが重要。そこで目のタイプ別に3つのメイクを提案。

二重編1

BEFORE

目頭側が細く、目尻に向かってだんだん広がっていく末広型の二重EYE。日本人に最も多い目のタイプ。大人っぽい雰囲気の美人顔。

EYE

目のキワからアイホールにAを広げ、自然な隠影を作る。ラインは引かず抜け感を演出。

A 柔らかなブラウンベージュ。AQ MW アイグロウ ジェム BE382 ¥2,700（コスメデコルテ）

A USE

CHEEK & LIP

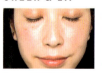

頬骨に沿って、Bをのせ、ほんのり赤みとツヤをプラス。リップはヌーディなCを塗って。

C B USE

Bミネラルブロンズグロウ ¥3,500、Cミネラルリップクレヨン スキンベージュ ¥2,600（共にエトヴォス）

1
生っぽさを感じさせる
センシュアルなツヤ

2
**芯の強さを感じさせる
シャープな眼差し**

EYE

Aをアイホール全体に広げ、Bで目のキワにラインを引く。二重幅を埋めないよう極細に。

A1_Aと同じ、Bハイパーシャープライナー R BK-1 ¥1,200(メイベリン ニューヨーク)

LIP

Cを唇全体に直塗り。上唇の輪郭をオーバーに塗り、1:1の比率にすると知的な印象。

Cなめらかなテクスチャーで、品のある仕上がりに。フルキス 501 ¥3,500(バーバリー)

3
**エッジのあるカラーで
ドラマを予感させて**

EYE

アイホールにAを広げ、目のキワにBをライン状に引く。ネイビーのラインが白目をキレイに。

A1_Aと同じ、B知的さも演出。スモール アイシャドウ コントラスト ¥2,400(M・A・C)

LIP

Cを唇全体にブラシで塗る。上唇の山部分をつなげることで、ボリュームが増し色っぽい。

Cカネボウ モイスチャールージュ 06 ¥3,500(カネボウ インターナショナルDiv.)

CHAPTER 1：3つの顔

二重編 2

> BEFORE

二重の幅の面積がやや非対称。眉との幅が広いのでのっぺりとした印象になってしまう。全体的にパーツはコンパクトで女性らしい。

1

ピュアな柔らかさを生むシアーなきらめき

EYE

アイホール&下まぶた全体に**A-1**を塗る。右の二重幅が狭いので、右だけ**A-2**で存在感を。

USE
A

Aマキアージュ ドラマティックムードアイズ BE352 ¥3,000 ※編集部調べ（資生堂）

LIP

上唇の側面の輪郭が凹んでいるので、リップブラシに**B**を取り、この部分のみオーバーに。

Bヘルシーなオレンジベージュ。ミネラルルージュ ナッツベージュ ¥3,000（エトヴォス）

USE
B

EYE

眉と目の幅が離れているので、広めに**A**を塗り、その上から**B-1**と**B-2**をMIXしてON。

A AQ MW アイグロウ ジェム PK880 ¥2,700（コスメデコルテ）、**B** デザイニング カラー アイズ 04 ¥6,800（SUQQU）

LIP

唇全体に**C**を塗る。目元が主役なので、邪魔をしないナチュラルなベージュリップを。

C1_Bと同じ。天然ミネラルと植物由来オイルでできたルージュ。つけるほどに潤う。

目覚めに血色を戻して透け色のある目元へ

3 ハッと目を奪われるレッドLIPを主役に

EYE

目元はナチュラルにしてリップを主役に。**A-1**と**A-2**を混ぜ、アイホール＆下まぶた全体に。

A1_Aと同じ。肌馴染みが良く、自然な陰影を簡単に。生まれつき彫り深のような目元に。

LIP

ヘアをオールバックにしている分、唇に丸みを出しながら唇の山はつなげて女性らしく。

B 見たまま発色する、濁りのない鮮やかレッド。フルキス 553 ¥3,400（バーバリー）

CHAPTER 1：3つの顔

奥二重編

BEFORE

目尻側しか二重の幅が見えない奥二重は、目元の印象が重たく見えがち。パーツが大ぶりなので、シアー発色のアイテムで軽やかに。

1 ピュアで温もりある フレッシュさを演出

EYE

アイホールにAを広げ、キワにはBでラインを。ラインは太めに入れてからぼかして。

Aアイシャドウ 04 ¥3,400（ボビイブラウン）、Bシャドウ ライニング パフォーマンス アイライナー 02 ¥2,800（THREE）

CHEEK & LIP

骨格がしっかりしたタイプは、鼻横からDを入れ、柔らかく見せて。リップはCを全体に。

Cリファインド コントロール リップペンシル 02 ¥2,500（THREE）、Dミネラルチーク＆リップ ピンクドロップ ¥4,500（エトヴォス）

CHAPTER 1：3つの顔

一重編

BEFORE

シャープな目元の一重まぶた。まぶたが重たく、目を盛れば盛るほど小粒目になるので、アイメイクは潔く引き算し、唇を盛るのが◎。

EYE

目を開けたとき色が見える位置までAをON。下まぶたにも塗り、目幅を縦に広げて。

A ナチュラルなトープ。自然な陰影をプラス。アイシャドウ 04 ¥3,400（ボビイ ブラウン）

USE A

CHEEK & LIP

目元に合わせて、ブラウンベージュをチョイス。Bを唇全体に直塗りしてヌーディに。

USE B

B 大人っぽい洗練ブラウン。AQ MW ルージュグロウ BR 353 ¥3,500（コスメデコルテ）

1

こなれ感たっぷりな
エフォートレスEYE

CHAPTER 2

Favorite Cosmetics

河北神コスメ

20代までは、どんどん新しいものを試して、失敗や成功を繰り返すべき。それが自分を知るきっかけになり、自分自身の財産になる。でも大人になったら、その過程はもう卒業。自分を知っているからこそ、本当に自分に必要なもの・似合うものが見えてくる。すると、使うアイテムだって自然とミニマムになっていく。だからといって、ずっと同じものを使い続けろと言っている訳ではない。質感や色みだって、時代とともに変わっていく。そこでトレンドをやみくもに追いかけるのではなく、今の自分にしっくりくる「定番」を「更新」していってほしい。

CHAPTER 2：河北神コスメ

Skincare
スキンケア

スキンケアの決め手はオイル。化粧水の前に投入することで、河北流肌づくりの要であるツヤを、しっかり仕込むことが可能に。最後にクリームでフタをすることも忘れずに。

**肌の土台を整える
自然派プレローション**

Frantsila
フランシラ＆フランツ

フェイシャルウォーター Ⓐ

「洗顔後に使えば、"呼び水"となり、その後のスキンケアの浸透力がアップ。どんな肌タイプでも使えるので安心」。天然ローズ水がベース。肌を柔らかくして、抵抗力を高める。

150mℓ ¥5,500

Frantsila
フランシラ＆フランツ

フランキンセンスAGオイル Ⓑ

「濃厚なテクスチャーだけど浸透性が高く、弾力のある肌に。理想のツヤ肌を作るためには、オイルがあってこそ」。若返りのハーブといわれる、フランキンセンスがベース。

40mℓ ¥7,500

**大人が失いがちな
ツヤを取り戻すオイル**

お疲れ肌が蘇る
カンフル化粧水

DECORTÉ
コスメデコルテ

iP.Shot

「伸びの良いテクスチャーが、クリームのように肌をしっかり保湿。肌の奥から押し上げるようなハリをすぐに実感するはず」。肌老化の原因である活性酸素の増加をセーブ。

20g ¥10,000

DNAレベルで
若返りを促す美容液

DECORTÉ
コスメデコルテ

リポソーム トリートメント リキッド ◉

「即効性の高さが魅力。しぼんだ肌も塗ったそばからふっくらし、透明感も高めてくれる」。角層内で潤いを抱えて留める能力を高め、キメひとつひとつがハリみなぎる肌へ。

170㎖ ¥10,000

極上のツヤやハリを
叶えるリッチなクリーム

POLA
ポーラ

B.A クリーム ◉

「美容成分や潤いを肌に閉じ込め、バリア機能も高めるフタ的存在のクリームは、絶対に省いてはいけないケア」。こっくりとした濃厚テクスチャーが、生命力あふれる肌へ。

30g ¥32,000

CHAPTER 2：河北神コスメ

Base Make
ベースメイク

肌悩みを隠そうと、あれこれ重ねたマット肌は一気に老けた印象に。目指すべきはお風呂上がりのスキンケア仕立てのような肌。素肌そのものが美しいと思わせるようなツヤを目指そう。

生っぽいツヤ肌を実現するミネラル下地

ETVOS
エトヴォス

ミネラルUVグロウベース E

「スキンケア仕立てのようなツヤ肌を追求して作ったコラボ商品。ノンケミカル＆低刺激なミネラル処方なので、肌にも安心」。河北氏プロデュースアイテムの最新作。2年半の開発期間を経て実現した、渾身の品。

SPF37・PA+++ 30g ¥4,300

ファンデーションいらずの肌になれるコンシーラー

Frantsila
フランシラ＆フランツ

ナチュラルRコンシーラー F

「オレンジとベージュの2色がクマやくすみなどを自然にカバー。オーガニック製品でありながら、伸びがよく、ハリやツヤを宿すトリートメント効果も」。河北氏プロデュースアイテム。

¥7,000

健康的なツヤ肌を作る
プレストパウダー

laura mercier
ローラ メルシエ

ミネラルプレストパウダー
SPF15 Ⓖ

「スキンケアや下地などで作ったせっかくのツヤを消し去らないよう、パウダーはプレストタイプが絶対！」。天然パールパウダー配合で、肌にしっとりなじみながら、自然なツヤ肌に。

SPF15・PA++ ナチュラルベージュ ¥4,500

素肌感をきちんと残す
ツヤ感ファンデーション

BURBERRY
バーバリー

フレッシュグロウ
ファンデーション

「基本はノーファンデ派だけど、ファンデーションを選ぶ場合、厚ぼったくならず、素肌感をきちんと残してくれるものが好き」。反射率の高いパール成分を配合。肌のアラを自然にカバー。

SPF15・PA+++ 全8色 30ml ¥6,000

CHAPTER 2：河北神コスメ

Highlight, Shading,
ハイライト　　　　　　　　シェーディング

一見、脇役的なアイテムだけど、実は縁の下の力持ち。
光と影、そして線を上手にコントロールできるようになれば、
どんな顔悩みもカバーし、美人度を底上げ！

ETVOS
エトヴォス

ミネラルハイライトクリーム Ⓗ
ミネラルブロンズグロウ Ⓘ

河北氏の撮影にはなくてはならない、プロデュースアイテム。「絶妙なパール感とオイルのツヤ感が、肌に柔らかさとみずみずしさを与え、スキンケア仕立てのような肌を作るハイライトと、ほのかに赤みがかったブロンズカラー。ブロンザーは、ヘルシーな印象に仕上げるチークとしてはもちろん、アイシャドウ、リップとしてもマルチに使える便利な逸品」。共に植物由来のオイルやミネラル成分などで作られた安心素材。

各¥3,500

理想のツヤ肌になれる
ハイライトクリーム

立体的な顔立ちを作る
ペン型コントゥアリング

目元・頬・唇に使える
マルチなブロンズカラー

BURBERRY
バーバリー

フェイスコントゥア Ⓙ

「小回りの利くペンシルタイプが使いやすい。軽やかなテクスチャーで肌なじみが良く、肌のツヤ感も損わず、ナチュラルな仕上がり」。鼻筋や頬骨下など細かな部分にもOK。

01 ¥4,200

Eyebrow
アイブロウ

laura mercier
ローラ メルシエ

ブロウパウダーデュオ Ⓚ

「使う人を選ばない、肌なじみの良い絶妙カラー。柔らかさと洗練さを併せ持つ、大人の眉が簡単に作れる」。ふんわりとしたパウダーで、自眉のような自然な仕上がりに。

ソフトブロンド ¥2,800

洗練された眉を作る　アイブロウパウダー

ナチュラルに描ける　リキッドアイブロウ

K-Palette
クオレ

リアルラスティングアイブロウ24h Ⓛ

「まるで自眉が増えたかのように、自然に描けるリキッドタイプ。濃く色づきすぎないから、初心者でも使いやすい」。耐水性・速乾性に優れ、眉尻ラインまで長時間キープ！

01 ¥1,200

フレッシュさを演出する　アイブロウマスカラ

THREE
スリー

ニュアンス アイブラウ マスカラ Ⓜ

「パウダーで色づけた仕上げに、マスカラを重ねてツヤを出せば、若々しい印象に。色づけるときは、逆毛を立てず、毛流れを整えながら眉尻に向かってなじませて」小回りの利くミニブラシ。

左から：02、01 各 ¥3,200

CHAPTER 2：河北神コスメ

Eye
アイ

河北流アイメイクのポイントは、シンプルさ。
目を大きくしようと盛りすぎてしまうと、一気に古臭い印象に。
"抜け感"が大切なので、あれもこれもと重ねないように。

DECORTÉ
コスメデコルテ

AQ MW アイグロウ ジェム

「目のキワからワイパー状に塗り広げれば、テクなしで自然な立体グラデーションに。濡れたようなツヤ感が色っぽい！」ゴールドと赤のパールが配合されたカッパーブラウン。柔らかく女っぽい目元に。

BR381 ¥2,700

濡れツヤシャドウが
女っぽい眼差しへ

繊細な輝きのシェードは
アイシャドウベースとして

BOBBI BROWN
ボビイ ブラウン

アイシャドウ 左：Ⓝ 右：◎

「イエローベースのベージュ＆ブラウンが日本人の肌になじみやすい。自然な立体感と程よい抜け感を与えてくれる」。まぶたの上を滑るように均一に伸び、シルキーマットな仕上がり。

左から：04、11 各¥3,300

自然な立体まぶたを作る
なじみ系アイシャドウ

TOM FORD BEAUTY
トムフォード ビューティ

クリームカラーフォーアイズ Ⓟ

「パウダーアイシャドウのベースとしてレイヤードをすれば、柔らかな目元を作ってくれる」。超微粒子のメタリックシェードなので、ギラつくことなく、上品な仕上がりに。

01 ¥4,500

伏し目にしたときも
美しいカールまつ毛に

KOSÉ

コーセー

**ファシオ
ワンダーカール マスカラ Ⓡ**

「ビューラーをせずとも、自然にカールアップ。汗や水にも強いので、パンダ目にならないところも高ポイント！」。スネークヘッドブラシが短いまつ毛もしっかりキャッチ。

BK001 ¥1,200

狙ったラインが簡単に
描ける極細アイライナー

MAYBELLINE

メイベリン ニューヨーク

ハイパーシャープ ライナー R Ⓡ

「コシのあるブラシが手元を安定させるので、不器用な人でも簡単に極細ラインが描ける！」。ブラシの先端は0.01mmと極細なのに、根元が太いので、安定したラインが自在。

BK-1 ¥1,200

さりげなく目ヂカラを
高めるブラウンペンシル

THREE

スリー

**シャドウライニング
パフォーマンス アイライナー**

「アイライナーとしてはもちろん、太めに引いて締めシャドウ代わりに使うことも」。表情に柔らかさを宿すディープブラウン。汗や涙に強く、時間が経っても仕上がりそのまま。

02 ¥2,800

CHAPTER 2：河北神コスメ

Lip
リップ

人の記憶に残るのは、目元よりも断然唇！
色気や季節感、洒落感など、印象コントロールも自在なので、
大人の女性は、アイメイクよりもリップメイクに重きを置いて。

色気と洗練さを両立する
スモーキーブラウン

赤ルージュ初心者に
使いやすいシアー質感

DECORTÉ
コスメデコルテ

AQ MW ルージュグロウ 左：Ⓢ

「リップバーム感覚で塗れるので、トライしやすい。ひと塗りで品のあるツヤ感と女っぽいボリューム感をメイク」。シールド効果に優れ、しっとりとした潤い感が長時間持続。

左から：BR353、RD455 各¥3,500

女度を引き上げる
ブラッディカラー

BURBERRY

バーバリー

フルキス

「見たまま色づく、発色の良さが魅力。シンプルなベージュや変化球ブラッディカラーをサラッと纏える女性って、本当イイ女だなって思う」。鮮やかカラーが長時間持続。

左から：505、545 各¥3,400

思いのままの唇を作れる
リップペンシル

THREE

スリー

リファインドコントロール
リップペンシル 🅣

「輪郭の形を自在に操れるといって良いほど、本当にナチュラル！ 唇の薄い人は、これを仕込んでおくだけで理想の肉感リップに」。唇と相性の良いピンクベージュ。

02 ¥2,500

洒落た印象になれる
こなれベージュ

CHAPTER 3

Basic Make-up

河北メイクの基本

メイクの思い込みを
まずは捨ててみる

僕が提案するメイクは、決して媚びるわけでも、若づくりするわけでも、流行を全て取り入れようとしているわけでもない。人の真似をするのでもなく、ハンコのように同じ顔を作るのでもなく、ミニマムに、フレッシュに、自分が持つパーツの美しさを最大限に生かす。ただ、それだけ。アイラインを引かなきゃいけない。チークを塗らなきゃいけない。メイクにそんなルールなんて一切ない。アイシャドウは1色だっていい。ファンデーションは使わなくたっていい。メイクの思い込みをまずは捨ててみる。そうすることで、新しい自分が見えてくるから。

CHAPTER 3：河北メイクの基本

メイク前のスキンケア

若々しい透明感や、色っぽいツヤ肌は、土台の保湿があってこそ！
大人の肌は思っている以上に乾きやすいので、丁寧な保湿ケアが必須。

プレローション

P36Ⓐを使用

01 ミストローションで顔全体を湿らせておく。これが"呼び水"となり、その後のスキンケアの浸透力がアップ。

オイルを1プッシュ

P36Ⓑを使用

02 オイルを1プッシュ手に取る。化粧水前にオイルを投入することで、乾きにくい肌を作ることができる。

顔全体になじませる

03 手の平全体でオイルを伸ばし、顔全体になじませる。ハンドプレスをして、肌の奥までギュッと入れ込む。

化粧水はたっぷりと

P37Ⓒを使用

04 コットンに化粧水をたっぷりと含ませる。化粧水が少ないと、肌の上で摩擦が起こる原因となるので要注意。

顔全体になじませる

05 顔の内側から外側へ、さらにはデコルテまでコットンを滑らせる。コットンを使うことで、ムラづき防止。

細かな部分になじませる

06 目まわりや口元などの細かな部分も忘れずに。繊細なパーツなので、こすらず優しくなじませて。

使用アイテム

P36-**A B** / P37-**C D**

☑ 河北スキンケアのPOINT
・"呼び水"代わりにミストローションを
・化粧水前にオイルを入れ込む
・最後にクリームでしっかりフタをする

肌が手に吸いついたらOK

07 最後に手の平でプレス。手に肌が吸いつくように感じたら、きちんと肌の奥まで化粧水が入った証拠。

クリームはやや多めに

P37Ⓓを使用

08 クリームは、肌に入れ込んだ油分や水分を蒸発させずにフタをする大切な役割。やや多めに手に取って。

手の温度でクリームを温める

09 クリームを温めながら、手の平全体に伸ばす。手の温度で温めることで、肌への浸透力を高める効果が。

顔全体になじませる

10 顔全体にクリームを伸ばし、マッサージへ（P52〜53）。滑りが足りない場合は、クリームをさらにプラス。

首〜デコルテにも

11 年齢が出やすい部分でもあるので、顔の一部と考えてケアを。この後、次ページのマッサージへ。

週に1度はスペシャルケアを

「オイル後に化粧水代わりとして」。スキン シグネチャー 3D リディファイニング マスク 6枚 ¥14,000 ※編集部調べ（SK-Ⅱ）

CHAPTER 3：河北メイクの基本

マッサージの基本

年齢とともに顕著に気になる、たるみやくすみなどの肌悩み。
高級美容液やエステなどよりも、一番きくのは毎日のマッサージ！

おでこをプッシュ→横に流す

01 押してから流すのが河北マッサージの基本。まずは額の中央を押し、こめかみに向かって流す。これを5回。

眉をつまみ流す

02 親指と人さし指を使い、眉頭から眉尻へ眉をつまみながら流すのを、5回繰り返す。まぶたのむくみもスッキリ。

まぶたのくぼみをプッシュ

03 人さし指・中指・薬指の腹を使い、頭を前に傾け、まぶたのくぼみに圧をかける。爪を立てないように注意。

目まわりを流す

04 目まわりはシワができやすい繊細なパーツなので、圧をかけすぎないように。優しく目尻から内回りを5回繰り返す。

クマにきく目の下プッシュ

05 人さし指・中指・薬指の腹を使い、目の下に圧をかける。これを2秒×5回。クマや疲れ目などに効果的！

鼻横プッシュでほうれい線に◎

06 中指の腹を使い、やや強めの圧で鼻横を押す×5回。リンパのつまりを取り、ほうれい線やたるみを解消！

☑ 河北マッサージのPOINT
・クリームやオイルで滑りを良くして摩擦を起こさない
・"押す→流す"の動きで、老廃物をしっかり流す
・上から下へ流したら、今度は下から上へマッサージ

頬骨下を流す

07 頬骨をつまみ出すイメージで、頬骨をつかみながらこめかみへ向かって流す。これを5回程度繰り返す。

フェイスラインを流してスッキリ

08 フェイスラインを親指と人さし指の第一関節で挟んで耳下まで流す。ここまでできたら、08→01へ逆の順番に繰り返す。

首筋をガシガシつまむ

09 リンパが最も滞りやすいのが首筋。"張っている"感がなくなるまでガシガシつまんでほぐす。くすみも解消。

首から鎖骨へ流す

10 耳裏から首筋と鎖骨を通り、肩先まで流す×5回。滞っていた老廃物が流れ、顔のもたつきや顔色もスッキリ!

頭皮を揉めばたるみに効果的

11 ガシガシとつかむように頭皮をマッサージ。頭皮は顔とつながっているので、ほぐすことでたるみを改善!

首のつけ根を押し上げる

12 親指の腹を使い、首のつけ根をプッシュ。"痛気持ちいい"と感じるぐらいの圧をかけて。肩こり解消にも◎。

CHAPTER 3：河北メイクの基本

ベースメイク4つのルール

河北メイクを語るうえで外せないのが、生っぽいツヤ感と立体感を備えた肌。
まずは河北流ベースメイクの4つのポイントを伝授。

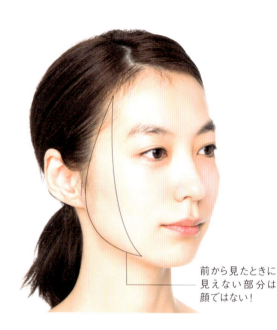

RULE 1
側面は"顔"と考えない

そもそも顔は立体的なものなのに、平面的にメイクしてしまうと、のっぺり感を強調し、デカ顔に。側面は顔と考えず、チークやファンデは広げない。

前から見たときに見えない部分は顔ではない!

Tゾーン
ベージュで立体的に

まぶた
ベージュでくすみオフ

頬まわり
ベージュで色ムラ防止

あご
ベージュで立体感

クマ
オレンジで自然にカバー

小鼻からほうれい線
ベージュで赤みも影も飛ばす

RULE 2
大人が絶対にカバーすべき場所を知る

悩みを隠そうとファンデーションやコンシーラーなどを重ねすぎると、肌が厚ぼったくなり老けた印象に。カバーすべき場所は最小限に絞って。

使用アイテム

P38-**E F** / P39-**G** / P40-**H J**

RULE 3
フェイスパウダーは全顔塗らない

スキンケアや下地でせっかく仕込んだ肌のツヤを、締めのパウダーで台無しにしている可能性も。皮脂の出やすいポイントだけパウダーをON。

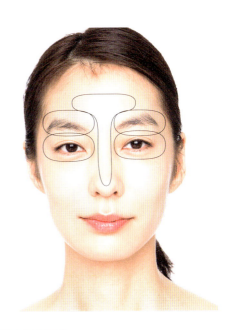

ハイライトで光

シェーディングで影

RULE 4
顔の中に光と影を作る

必ず仕込んでほしいのが、シェーディングとハイライト。主張しない程度の存在感にすることで、生まれつき美人と錯覚させる立体小顔に!

CHAPTER 3：河北メイクの基本

ベースメイクの基本

素肌感を最大限に残した、湿度を帯びたようなツヤ肌が理想。
それが抜け感にも繋がるので、アイテムはできるだけミニマムに！

手の平で下地を温める

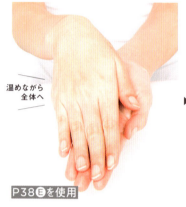

P38 E を使用

01 パール粒大の下地を手に取り、手の平全体に広げながら温める。手の温度で温めることで、なじみやすくなる。

手の平全体で広げる

02 両頬、額、あご、鼻に5点置きしたら、手の平全体を使って顔の中央から外側へ手早く広げて、ムラづき防止。

首・デコルテにも下地を

03 首やデコルテも顔の一部と考えてベースメイク。手に余った下地を首までなじませれば、顔の印象も明るく。

コンシーラーは2色使い

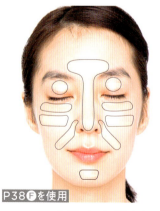

P38 F を使用

04 ファンデーションを使わないのが河北流。オレンジをクマ、イエローをまぶた上・Tゾーン・頬・ほうれい線・あご先に。

スポンジで叩き込む

05 スポンジを使い、コンシーラーを叩き込む。顔の側面はフェードアウトするように外側へと軽くぼかして。

お粉を手の甲に落とす

P39 G を使用

06 ブラシにプレストパウダーを含ませたら、手の甲の上で3回滑らせる。余計な粉を落とし、厚塗り防止。

☑ 河北ベースメイクのPOINT

・保湿効果の高い色つき下地である程度の色ムラを飛ばす
・ファンデーションは使わず、コンシーラーで最小限にカバー
・プレストパウダーは顔全体に使わず、ポイント使い
・光と影を効果的に使って、小顔効果を狙って

テカりやすい部分のみパウダー

07 皮脂が出やすいTゾーンと、ヨレやすい眉上&目元のみパウダーをON。肌に仕込んだツヤを消さないように。

側面にシェーディング

P40 J を使用

08 シェーディングスティックでラインを描く。丸顔の場合は側面、面長の場合は額とあご先に影を作るのがコツ。

スポンジでぼかす

09 まずスポンジで外側に向かってぼかしてから、内側に戻すようにぼかす。自然な影が生まれ、立体感アップ。

ほうれい線までハイライトを

P40 H を使用

10 逆三角形を描くように、クリームハイライトをON。ほうれい線まで伸ばすことで、光効果でシワを飛ばすことができる。

FINISH!

BEFORE

AFTER

CHAPTER 3：河北メイクの基本

肌が不調な人はリキッドを

ノーファンデが河北メイクの基本だけど、どうしてもファンデーションでカバーしたい場合は、リキッドの少量使いで、素肌感をしっかり残して。

ファンデーションは少量

顔の中央のみ内側→外側へ

01 厚塗り防止のため、ファンデーションは半プッシュ（あずき大）ぐらいがベター。まずは手の甲に取って。

02 ファンデーションは顔の中央のみ。側面までしっかり塗ってしまうと、顔を大きく見せる可能性もあるので避けて。

失敗しないメイク直し

メイク直しは、ハイライトかパウダーファンデを。ただ重ねるだけでは重たくなるだけなので、できるだけアイテムは最小限が鉄則！

ハイライトの場合

パウダーファンデの場合

こんなのもおすすめ

崩れた部分はハイライトの光で飛ばして。スポンジでハイライトをのせ、フレッシュなツヤをON！

パウダリーファンデーションをスポンジで重ねると重たい肌に。ブラシでのせて軽やかにカバー。

持ち運びに便利な、スライド式のブラシ。KOBAKO ブラッシュブラシ（スライド）¥4,500（貝印）

58

河北オススメファンデーション

いくらノーファンデ派とはいえ、ときにはファンデーションに頼ることも。そんな河北さんが一目置く、ハイスペックな品をご紹介！

clé de peau BEAUTÉ
資生堂インターナショナル

タンフリュイドエクラ

「イキイキとした生命力が復活。磨き上げられたような上質肌になるので、女優さんに使うことが多いかな」。くすまない肌へ。

SPF25・PA++ 全8色 30㎖ ¥12,000

YVES SAINT LAURENT
イヴ・サンローラン・ボーテ

タン アンクル ド ポー

「つけているのを忘れてしまいそうなほど、極薄ヴェールが素晴らしい。素肌そのものが美しくなったよう」。後肌はサラサラ。

SPF18・PA+++ 全7色 25㎖ ¥6,600

THREE
スリー

コンプリートハーモニーファンデーション

「保湿力に優れ、ナチュラルなツヤ感が出るのが魅力。肌と一体化するようなストレスフリーな使い心地」。ハリ感まで高めてくれる。

SPF35・PA+++ 全7色 28g ¥6,500

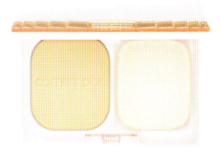

COFFRET D'OR
カネボウ化粧品

ビューティオーラ パクトUV

「パウダーはあまり使わないのだけど（笑）、これはアリだと思えた品。透明感をもたらし、キメ細やかな肌に」。毛穴も色ムラも均一にカバー。

SPF26・PA++ 全7色 ¥3,800〈セット価格〉 ※編集部調べ

CHAPTER 3：河北メイクの基本

アイメイクの基本

無理に目を大きくしようとあれこれ重ねたメイクは、重たくなるので要注意。
あくまでもシンプルにすることで、大人の余裕がある抜け感が誕生。

二重の場合

アイホール広めにシャドウを

P42Ⓟを使用

01 アイホール広めにベースとなるクリームシャドウをON。目のキワからワイパーのように塗り広げる。

目のキワに締め色を

P42Ⓝ、Ⓞを使用

02 アイホールにベージュのシャドウを重ね、目のキワにブラウンを。このままマスカラで仕上げてもOK。

目尻はまつ毛1本増やす感覚で

P43Ⓡを使用

03 目尻ラインからスタートすれば、失敗知らず。目尻はハネ上げず、まつ毛1本の長さ分、スッと引き抜く。

まぶたを引き上げてインラインを

04 まぶたを引き上げながら、まつ毛のすき間を埋める。パンダ目にならないよう、インラインもリキッドで。

上まつ毛のみサラッと塗る

P43Ⓠを使用

05 基本的に、マスカラは上まつ毛のみでOK。ビューラーでカールさせず、サラッと塗った方が色っぽい。

FINISH!

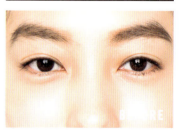

使用アイテム

P42-**N** **O** **P** / P43-**Q** **R**

☑ 河北アイメイクのPOINT
・アイシャドウの色みは基本的にシンプルに。
・一重・奥二重は締め色ブラウンシャドウを使えば、アイラインを引かなくてもOK。
・下まつ毛にマスカラを塗らない。

一重・奥二重の場合

アイホール広めにシャドウ

P42**P**、**N**を使用

01 アイホール広めにクリームシャドウをベースとして塗り、その上からパウダータイプのベージュシャドウを重ねる。

目を開けて見える部分に締め色を

P42**O**を使用

02 まぶたが被りやすい一重&奥二重は、目を開けたときに見える位置まで、広めに締め色ブラウンをON。

下まぶたシャドウで目幅を広げる

P42**O**を使用

03 キツく見える可能性があるので、ラインレスが正解。その代わり、下まぶたシャドウで目の縦幅の面積を広げる。

まつ毛は根元からしっかりカール

04 まつ毛を根元からカールアップさせることで、目の縦幅を広げて。マスカラも根元からたっぷりと塗る。

下まつ毛も忘れずにビューラーを

05 下まつ毛もしっかりカールさせることで、目幅をさらに強調。ただし、パンダ目の原因にもなるのでマスカラは塗らなくてOK。

FINISH!

61

CHAPTER 3：河北メイクの基本

チークの基本

リップメイクがメインの場合は、基本的にノーチークが河北流。
頬に血色を加える場合はベージュリップを選び、紅一点メイクに。

使用アイテム

P28-1D / P40-①

ブロンザー

頬骨に沿って斜めに

P40①を使用

01 ほのかな赤みを演出できるブロンザーは、ヘルシーな印象や小顔効果を狙える。頬骨に沿って斜めにON。

ほのかに色みを感じる程度に

02 指で叩き込み、ニュアンス程度にブロンザーをぼかす。顔デカ防止のため、側面まで色を広げないように。

\ シャープな印象に /

FINISH!

チーク

指先にチークを取る

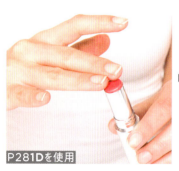

P281Dを使用

01 チークは基本的に"気配"程度を意識。つけすぎを防止するためにも、指先に軽く取るぐらいの量でOK。

鼻横から横に広げる

02 鼻横から目尻の延長下までぼかしながら広げると、高揚したような表情に。ほうれい線には絶対にのせないように。

\ 顔色がパッと明るく /

FINISH!

リップの基本

色気や品の良さ、洒落感を簡単に底上げできるのがリップメイクの魅力。なりたいイメージに合わせて、質感やカラーをチョイスして。

使用アイテム

P45-Ⓣ / P44-Ⓢ / P40-Ⓗ

なじみ色のペンシルで1:1に

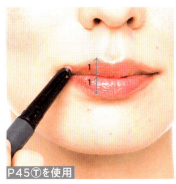

P45Ⓣを使用

01 輪郭のエッジに合わせて、ペンシルでアウトラインを描く。上下の唇バランスを1:1にすると上品な印象に。

リップは直塗り

P44Ⓢを使用

02 基本的にリップは直塗りでOK。ただし、濃いカラーの場合、口角はきちんとブラシで取ると品の良さが出る。

FINISH!

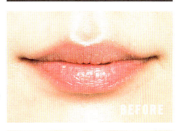
BEFORE

AFTER

ふっくら唇を叶えるリップ仕込み

バームとハイライトを2:1

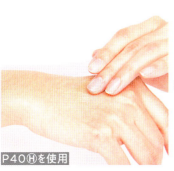

P40Ⓗを使用

01 リップバーム：クリームハイライトを2:1の割合で手の甲に取る。そして、この2つをしっかりと混ぜる。

唇全体へ塗る

02 リップバームを塗るように唇全体へ塗る。ハイライトが光を集め、ふっくらボリュームアップ。リップベースとして仕込んで。

FINISH!

BEFORE

AFTER

KAWAKITA COLUMN

洒落てる顔を作る
シャドウとリップのカラーコーデ

メイクはいわば、ファッションの一部。首から上だけで考えてしまうと、一気にチグハグな印象に。その日着ている服の色や素材と組み合わせて、メイクのカラー選びを。ここでも、パーツごとではなく、トータルで色みのバランスを見て。

| シャドウ | リップ |

ベージュ　ブラウン　×　どの色も OK

ベージュ＆ブラウンはどの色にもハマる！

定番色だけあって、ベージュやブラウンのシャドウは、リップの色を選ばない万能カラー。シャドウの色選びに迷ったら、ここを押さえておけば、まず間違いなし！

| シャドウ | リップ |

カーキ　×　レッド　オレンジ　ブラウン

透明感を宿すカーキは暖色系のリップを

目元に深みを増すとともに、瞳に透明感をもたらすので、まるでハーフ顔のように見せるカーキ。ヌーディな色みや、暖色系のオレンジやレッドがグッとハマる！

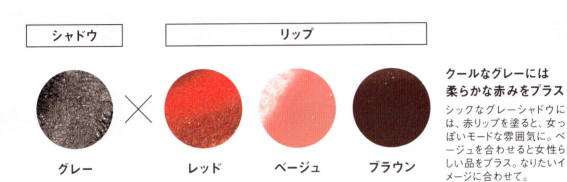

クールなグレーには柔らかな赤みをプラス

シックなグレーシャドウには、赤リップを塗ると、女っぽいモードな雰囲気に。ベージュを合わせると女性らしい品をプラス。なりたいイメージに合わせて。

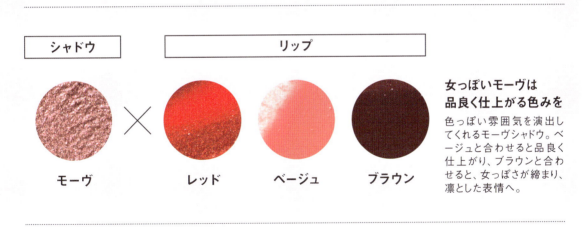

女っぽいモーヴは品良く仕上がる色みを

色っぽい雰囲気を演出してくれるモーヴシャドウ。ベージュと合わせると品良く仕上がり、ブラウンと合わせると、女っぽさが締まり、凛とした表情へ。

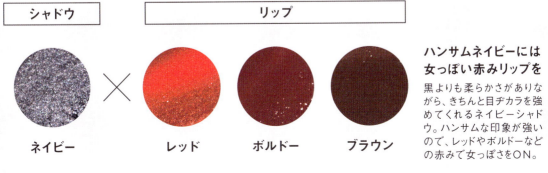

ハンサムネイビーには女っぽい赤みリップを

黒よりも柔らかさがありながら、きちんと目ヂカラを強めてくれるネイビーシャドウ。ハンサムな印象が強いので、レッドやボルドーなどの赤みで女っぽさをON。

CHAPTER 4

Complex

コンプレックスをメイクで解消

コンプレックスが
あるからこそ、
綺麗になれる

「コンプレックスを生かそう」。そんな言葉は、ただの綺麗事。僕が思うのは、個性は生かすべき。でもコンプレックスは隠していい。なんてったって、僕も「顔がデカい」コンプレックスの塊。そんな悩みを、生かしようがないじゃない？　だからこそ、髭とメガネでカバーしているし、小顔に見せるヘアメイクやマッサージ法を習得することができた。一度、ネガティヴな要素を受け入れて、さらけ出してみる。そうすれば、どこを活かせばいいのか、隠せばいいのか自ずと見えてくる。コンプレックスがあるからこそ、努力をする。つまり、綺麗を引き出す糧になる。

CHAPTER 4：コンプレックス解消法

顔型・肌のコンプレックス

整形するよりも
手っ取り早く自然に修正

メスや注射に頼らずとも、光と影を上手に操ることができれば、
顔型や肌のコンプレックスをカバーするのはお手のもの。
厚塗り感もゼロなのに、整形級に顔印象チェンジ！

使用アイテム

P38-F / P39-G / P40-HJ / P28-1D

顔型の悩み「丸顔」

側面に入れた影で丸みを断ち切り、ハイライトで縦長フォルムに

側面に影を作り、顔が横に広がるのを防止。さらにハイライトは逆三角形に入れて、光効果でさらに縦長フォルムに近づけて。

P40 Ⓙ を使用

01 顔の側面＆頬骨下にシェーディングを入れて顔立ちをシャープに。おでこが狭い人は、額にはシェーディングを入れないで。

P40 Ⓗ を使用

02 クリームハイライトを、ほうれい線までかかるよう、逆三角形にON。光効果で縦長フォルムに近づけて。

CHAPTER 4：コンプレックス解消法

顔型の悩み「面長」

シェーディングもチークも
横を意識して、顔の長さをカット

額の生え際とあごに影を入れ、顔の長さを断ち切って。チークも真横に入れることで、顔が縦長に広がるのをセーブすることができる。

P40Ⓙを使用

01 生え際とあごにシェーディングをON。顔の側面に入れてしまうと、さらに縦長印象を強調してしまうので注意。

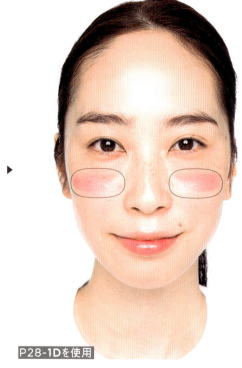

P28-1Dを使用

02 縦長感を断ち切るため、横長にチークを。頬骨に沿ってのせると、縦ラインを強調してゲッソリ見せるのでNG。

顔型の悩み「エラ張り・たるみ」

角やたるみに影を入れて
フェイスラインを削る

角張ったエラや、たるんだフェイスラインを削るイメージで影をプラス。
すっきりシャープなフェイスラインを目指して。

P40 Ⓙを使用

01 エラの角張った部分やたるみを削るような
イメージで、シェーディングを入れて影を
作る。なりたい顔のカタチをイメージして。

02 スポンジをフェイスラインの外側に向かっ
てぼかしてから、内側に戻すとナチュラル
な影が生まれる。

CHAPTER 4：コンプレックス解消法

顔型の悩み「ゲッソリ」

ハイライトの光効果で凹んだ部分をふっくら膨張

頬がコケて貧相に見えてしまう場合、頬骨の下から凹んだ部分にクリームハイライトを仕込み、光の膨張効果でふっくら見せる。

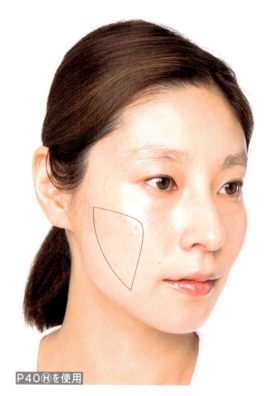

P40Ⓗを使用

頬骨の下の凹み部分にハイライトをON。光効果で膨張したように錯覚するので、ふっくらして見える。

肌の悩み「ほうれい線」

ハイライトの光効果で
ほうれい線のシワを飛ばす

ほうれい線の凹みは、ハイライトの光で膨張させて目くらまし。
唇より下に入れると、今度は下膨れに見えてしまうので注意。

P40Ⓗを使用

01 ハイライトを入れる位置は、ほうれい線の真上。唇位置より低く入れてしまうと、下膨れに見えてしまうのでNG。

02 スポンジで叩き込むようにぼかすと、自然な仕上がり。ほうれい線より内側や小鼻に引っかからないように。

CHAPTER 4：コンプレックス解消法

肌の悩み「シワ」

ハイライトをぼかして
ちりめんジワを目くらまし

目の横などの細かなシワはハイライトのツヤで、ある程度飛ばすことが可能。
伸ばすのではなく軽く叩き込むようにのせると密着力UP。

P40Ⓗを使用

指にハイライトクリームを取り、シワ部分にトントン叩き込む。ヨレやすい部分なので、指づけで密着力を高めて。

肌の悩み「ニキビ」

明るめコンシーラーでカバーしてからパウダーで密着させる

ニキビには、赤みを消す効果をもつイエロー系の明るめコンシーラーが◎。ニキビをカバーした部分のまわりをぼかしてからパウダーを重ねて。

P38Fを使用

01 ニキビにコンシーラーをのせ、その周囲のみぼかす。せっかくカバーしたニキビ部分は崩れないよう、触れないで。

P39Gを使用

02 密着力を高めるため、パウダーを上から重ねる。コンシーラーをのせた部分が悪目立ちするのも防いでくれる。

CHAPTER 4：コンプレックス解消法

肌の悩み「シミ」

もやもやシミにはコンシーラーを薄く数カ所重ねてぼかす

目立つシミには前ページ（P77）のニキビと同じカバー法を。もやもやしたシミには、コンシーラーを数カ所点置き。ソバカスの場合は活かしてもGOOD！

P38Ⓕを使用

指先にベージュのコンシーラーを取り、ポンポンと数カ所叩き込む。シミによるもやもやした色ムラをカバー。

肌の悩み「クマ」

コンシーラー2色使いで
肌に自然に溶け込ませてカバー

青グマをカバーするには反対色であるオレンジが効果的。
悪目立ちしないよう、下にベージュを入れてオレンジとの境界線をグラデーションに。

P38Fを使用

01 クマ部分にはオレンジ色のコンシーラーを。頬部分にはベージュ系を入れることで、境界線をなめらかにする効果が。

02 スポンジでトントンと叩き込むようになじませる。伸ばしてしまうと、カバーしたコンシーラーを取り除いてしまうのでNG。

CHAPTER 4：コンプレックス解消法

唇のコンプレックス

もっとも簡単に顔の印象を変えられるパーツ

目を大きくするのは難しいけれど、唇はリップペンシルを使えば簡単に補整可能！ わかりやすく色っぽさを狙える場所だからこそ、大人は目より唇にポイントを。

使用アイテム

P45-T

唇の悩み「薄い唇」

なじみ系のリップペンシルで
アウトラインを上下オーバーに

貧相に見えてしまう薄い唇は、なじみ系のリップペンシルでアウトラインをオーバーに。上下のボリューム感は1:1の比率に。

P45Tを使用

01 唇に似た色みのリップペンシルで、まずは上唇のアウトラインをオーバーに。ふっくら丸みが出るように描く。

02 下唇も同様に。上下のボリューム感は1:1の比率にすると上品。全体を塗りつぶしてから、リップを重ねて。

BEFORE

AFTER

CHAPTER 4：コンプレックス解消法

唇の悩み「上唇が薄い」

上唇のアウトラインのみ
オーバーに描いて1:1の比率に

唇のボリューム感を1:1のバランスにすることで、上品さが増し、知的な印象に。唇になじむリップペンシルで上唇のみオーバーに。

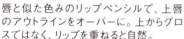

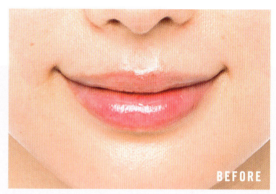
BEFORE

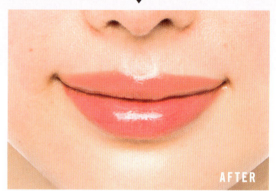
AFTER

唇と似た色みのリップペンシルで、上唇のアウトラインをオーバーに。上からグロスではなく、リップを重ねると自然。

リップは、女性らしさやファッション性、
品格、季節感までを1番簡単に、そしてわかりやすく
表現できるパーツ。赤なら上品で華やか、
ベージュはナチュラルな色っぽさ、
ブラウンは知的、オレンジならヘルシー、
ボルドーなら媚びない女らしさ……。こんなにも
色だけで印象を変えられるのだから、ファッションや
小物を変えるように、リップメイクができると、
洒落感が増し、自分らしさを際立たせることができる。

CHAPTER 5

Eyebrow

河北眉

眉を極めることが、
美人への近道

顔のなかで存在感をもち、最も顔補整力のある眉は、河北メイクのいわば神髄。目や唇以上に物を言い、形を自在に変化させることができるので、眉をうまく操ることができれば、小顔も、目元の彫りの深さも、印象コントロールだって思いのまま。ただ、毛のないところに描き足そう、そんな"なんとなく"眉メイクは、今日で卒業。骨格や筋肉とのバランスを意識してメイクをすれば、日本人特有ののっぺり顔にも陰影が宿るし、一気に洗練された顔立ちに。

CHAPTER 5：河北眉

眉の理想バランス

曲線のパーツが並ぶ顔のなかで、最も主張する"線"である眉。
ここをコントロールできるかが、美人になれるかどうかの分かれ道！

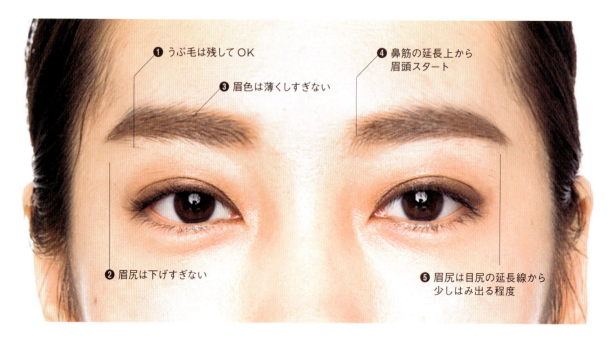

❶ うぶ毛は残してOK
❷ 眉尻は下げすぎない
❸ 眉色は薄くしすぎない
❹ 鼻筋の延長上から眉頭スタート
❺ 眉尻は目尻の延長線から少しはみ出る程度

❶ うぶ毛は残してOK
眉下のうぶ毛は、目立つもの以外は残して。また、眉頭や眉上のラインをいじると不自然になるので注意。

❷ 眉尻は下げすぎない
眉尻が下がっていたり、長すぎると、老けた印象になるので、NG。眉尻は、ひじを下げずに描くのがコツ。

❸ 眉色は薄くしすぎない
眉色が薄すぎると、顔がぼやけて見え、なんだか老けた印象に。髪色より1トーン明るいぐらいにとどめて。

❹ 鼻筋の延長上から眉頭スタート
鼻筋の延長から眉頭をスタートすることで、ノーズシャドウいらずの自然な陰影が。目鼻立ちハッキリな立体顔に。

❺ 眉尻は目尻上から少しはみ出る程度
眉尻は長くしすぎると、顔を大きく見せてしまう場合も。眉尻の延長線から、少しはみ出る程度がGOOD。

河北眉 MUST ITEMS

ITEM 1

スクリューブラシ

眉の毛流れを整え、ふんわり立体的に

眉を描く前に、ブラシでとかすことで毛流れを整えるとともに、余分なファンデーションなどをオフする効果が。

ITEM 2

アイブロウパウダー

髪色より1トーン程度明るめのカラーを

ナチュラルに仕上げるために欠かせないパウダー。ブレンドして髪色より1トーンほど明るめにするのがベスト。

P41Ⓚを使用

ITEM 3

アイブロウブラシ

なりたい眉イメージで毛の硬さを選んで

毛が柔らかいブラシで描けば、ふんわり眉に、硬いブラシで描けば、シャープでエッジの効いた印象に。

ITEM 4

リキッドアイブロウライナー

自然な影を作って自眉のように錯覚

1本1本自眉のように描くことができるので、パウダーでは難しいすき間埋めや、眉尻ラインもリアルに!

P41Ⓛを使用

ITEM 5

アイブロウマスカラ

毛流れをフィックスしツヤで生命力を宿す

仕上げにアイブロウマスカラで毛流れを整えれば、自然なツヤや立体感が誕生。イキイキとした印象に。

P41Ⓜを使用

CHAPTER 5：河北眉

眉メイクの基本

河北眉は、パウダー、リキッド、マスカラで丁寧に描くのが基本。
ここさえ極めれば、後のメイクは抜いても洒落顔にキマる！

スクリューブラシで毛流れを整える

01 スクリューブラシで毛流れを整える。眉に残った余分なファンデーションやパウダーを落とす効果も。

眉頭は鼻筋の延長上からスタート

P41(K)を使用

02 鼻筋の延長上から眉頭を描き始める。アイブロウパウダーは、やや明るめのカラーを使うとナチュラル。

眉下のガイドラインを取る

03 まずは下ラインから取る。左右の眉バランスが違う場合、眉と目の間が離れていない方に合わせて描く。

眉上のガイドラインを取る

04 目を開いたときに盛り上がる筋肉の位置に沿って、眉山を設定。上ラインを描いてから内側を埋める。

☑ **河北眉のPOINT**
・最初にスクリューブラシで毛流れを整える
・眉頭は鼻筋の延長上からスタートさせて立体顔に
・眉尻は下げない＆長くしすぎない
・眉マスカラで毛流れをフィックスさせて老け顔回避

眉頭を立てて立体顔に

05 ブラシに余ったパウダーで、眉頭を再度調整。眉頭は立てるようにブラシを動かすと、顔立ちに立体感が。

足りない毛はリキッドで足す

06 毛が足りない部分は、リキッドライナーで描き足す。眉尻は、眉頭より下に描くと、老けて見えるので注意。

アイブロウマスカラでツヤをプラス

07 マスカラで毛流れを整え、フィックスする。ブラシは逆毛を立てず、眉頭から眉尻の一定方向へ動かして。

FINISH!

BEFORE

AFTER

CHAPTER 5：河北眉

眉の悩み「短眉」

眉頭を求心的にして、眉尻は下げない＆長くしすぎないことで老け顔を回避！

鼻筋の延長上に眉頭を作り、顔立ちを求心的にしてメリハリ顔に。
足りない眉尻は目尻よりはみ出る程度にとどめ、長くしすぎない。

BEFORE

眉尻は目尻より少しはみ出るぐらい　　眉頭はココから！
毛流れは真っすぐ　　反対眉に合わせて足す
上がり気味のクセがあるから下げ気味に

AFTER

眉頭を鼻筋の延長上から始める

01 眉頭が離れているので、鼻筋の延長上にアイブロウパウダーで描き足す。はじめは明るめのパウダーで。

眉尻は目尻の延長上から出るぐらい

02 足りない眉尻も描き足す。目尻の延長上から少しはみ出る程度でストレートなラインを意識して。

足りない毛はリキッドで描く

03 左目側の眉がやや上がり気味なので、右側の眉に合わせ、下ラインを描き足し、最後はマスカラで整える。

眉の悩み「下がり眉」

眉頭をスクエア型に描き足し、毛並みを上向きにすることで矯正

眉頭の三角ゾーンを加え、スクエア型にすることで、下がったラインをストレートに矯正しやすくなる。さらに毛流れは全て上向きに。

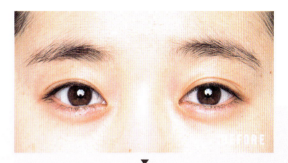

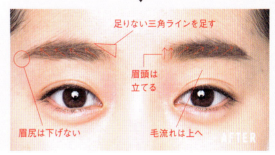

足りない三角ラインを足す
眉頭は立てる
眉尻は下げない
毛流れは上へ

眉頭の三角ゾーンを描く

01 眉頭の上部の三角ゾーンを描き足す。ここがないと、下がり眉を強調してしまう。スクエア型を意識。

眉尻は下げないようまっすぐ

02 上へ向かって毛流れを整えながら下ラインを描き、眉尻は下げない。その後、上ラインとのすき間を埋める。

毛流れを上向きにフィックス

03 マスカラも毛流れが上へ向くようにとかし、最後にホットビューラーで、下がらないようしっかり固定。

CHAPTER 5：河北眉

眉の悩み「薄眉」

薄色パウダー×濃い色マスカラで立体感を出しながら引き締める

一歩間違うと、メイクでベッタリ見えてしまうことも。淡い色のパウダーで全体を描きつつ、明るすぎない色のマスカラで締める&立体的に。

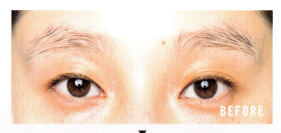
BEFORE

全体的に淡くパウダーを
眉頭は横に流す
足りない部分にはリキッドを
AFTER

薄めの色でガイドラインを描く

01 薄い眉の場合、眉頭だけでなく眉全体も薄い色みで描いて。濃い色だと悪目立ちしてしまうので注意。

眉頭は横に流すように

02 やや面長顔なので、眉頭は横に流し、横ラインを強調して顔型カバー。毛が足りない部分にはリキッドで。

やや濃い色の眉マスカラを

03 マスカラも横に毛並みを流して。今度は明るすぎない色の眉マスカラを使って、色みのバランスを整える。

眉の悩み「離れ眉」

眉頭を求心的にして立体的にしてカーブをつけて重たいまぶたをカバー

眉間が離れている場合、鼻筋の延長上に眉頭を作るのが基本。
まぶたが重たい人は、ストレート眉にはせず、ややカーブをつけると◎。

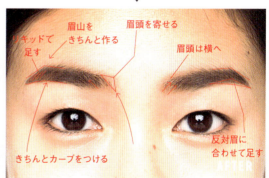

右眉を上向きに整える

01 まぶたをスッキリ見せるため、カーブの強い左目側の眉に合わせる。右目側の眉は上向きに毛流れを整える。

眉頭は横に流すように

02 ストレート眉ではなく、カーブ眉にするため、眉頭は横に流す。下ラインは柔らかなカーブを描いて。

眉山を作ってまぶたスッキリ

03 リキッドアイブロウで足りない毛を描き足す。眉山もしっかりエッジを効かせて、まぶたを引き上げ！

CHAPTER 5：河北眉

眉の悩み「しっかり眉」

アウトライン→眉頭の順に描き、淡色マスカラで締めて柔らかな印象に

濃い眉の場合、パウダーで描く順番をアウトライン→眉頭の順で、印象が強くなるのをセーブ。締めのマスカラも淡い色みで軽やかに。

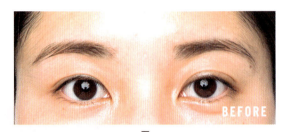
BEFORE

眉頭を足す／ぼやけたアウトラインを出す／毛流れは上へ／眉頭を立てる／全体のカラーは明るく

眉上のアウトラインから描く

01 毛並みを整えてから、眉の上ラインから描く。やや下がり気味な眉なので、上向きの毛流れを意識。

鼻筋の延長上で眉頭を立てる

02 しっかりした眉なので、眉頭はブラシに余ったパウダーで、微調整程度でOK。眉頭の毛並みは立てる。

淡色のマスカラで上向きに描く

03 マスカラの色みは、やや明るめを選びソフトな印象に。ここでも毛並みは上向きになるように整える。

眉の悩み「筋肉ゆがみ眉」

ゆがんで凹む部分に"毛"を描き足し、マスカラで毛流れのバランス調整

目を開けたときにゆがんで凹む部分に眉を描き足し、ストレートのラインを意識。また、左右非対称の毛流れはマスカラで微調整を。

ゆがんで凹んだ部分を描く

01 表情筋でゆがんでしまう眉は、目を開けたときに凹むポイントにパウダーとリキッドで毛を描いて。

右側の毛流れは上向きに

02 左右の高さも違うので、マスカラで毛流れをフィックスさせながら、バランス調整。下がった右目眉は上げながら。

左側の毛流れは下げ気味に

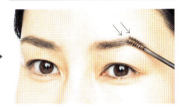

03 左目側の眉は、筋肉のゆがみもあり、右目側の眉よりも上がり気味。マスカラを下げながら塗り、バランス調整。

CHAPTER 5：河北眉

お悩み別「眉見本帖」

ひとりひとりの顔立ちが違うように、眉の形だって十人十色。
そこで、まだまだあるお悩み眉に、河北流の描き方を特別指導！

しっかり弓なり眉

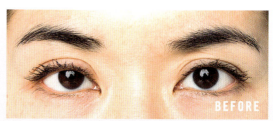
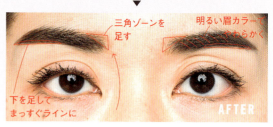

弓なりになっている理由は、眉頭部分が足りないから。眉頭上部の三角ゾーンを描き足し、ストレートラインに。

尻切れ眉

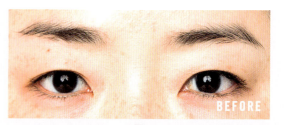

眉尻がブツ切れだと、顔が大きく見えてしまうので要注意。まぶたが重いため、ややカーブをつけてスッキリと。

左右非対称眉

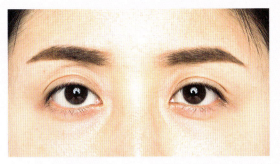
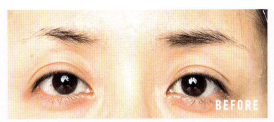

左右非対称のゆがんだ眉は、眉と目の幅が狭い左目側の眉に合わせて。右眉は左眉に合わせて下ラインをプラス。

まだらボサ眉

まだらな部分は、リキッドで描き足して。まぶたが重たいため、ややカーブをつける&眉山のエッジを効かせて。

極薄眉

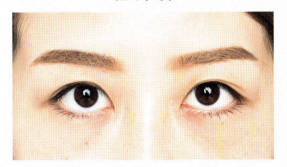
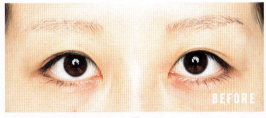

眉と目の幅が狭い右目側眉に合わせ、下ラインをプラス。ベタッとしないよう、薄パウダー&濃マスカラをチョイス。

KAWAKITA COLUMN

美しい人は美しい体から

自分が思っている以上に、どんな生活をしているか、どんな食べ物を食べているかは顔や体型に出るもの。バランスの良い食生活や適度な運動が、実は一番のアンチエイジング！

「実は少し前まで＋20kg。ギックリ腰や病気になったのをきっかけに、ダイエットをスタート。今でもこまめに自宅でトレーニング。また、呼吸は鼻から吸って口から吐く腹式呼吸。頭にまで酸素が巡り、顔色もパッと明るくなる。腹筋にも効果的！」

Recommend ITEM

筋肉の力みをほぐすフィットネスローラー

「リンパに当てるだけで筋肉がほぐれて血行促進！運動後の筋肉リカバーはもちろん、顔色を明るくする効果もあるので、撮影前にモデルさんに使うことも」

加圧と振動の組み合わせで筋肉をほぐす。VYPER BLACK レギュラータイプ ¥36,000（ノースラン）

耳にかけるだけで驚くほどリフトアップ！

「正直言って、使うまでは半信半疑だったのですが、耳にかけて数十秒で顔が上がるのを実感！持ち運びに便利なので、夕方顔が疲れたと感じたときに◎」

磁器がツボを刺激し、血行を促進。イヤーアップ ¥9,074（エイベックス ビューティ メソッド）

Recommend FOOD

バランスの良い食生活を

「20kg減量時は、炭水化物抜き&鍋生活を2ヶ月続けました。今はそれほどストイックではないものの、なるべく野菜や高タンパク&低カロリーな赤身肉などを積極的に摂るよう心がけ、リバウンドしないように。いつも美味しい食事を作ってくれる妻に感謝!」

Recommend Salon

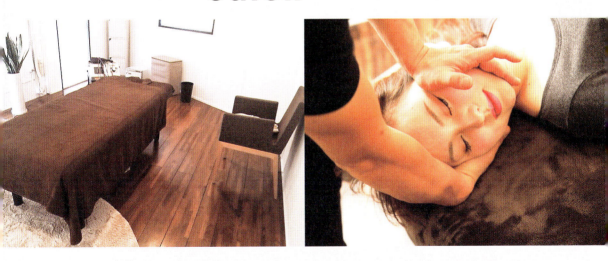

ソラーチェ代官山アネックス

「むくみや肩こりなどの体の不調は、冷えが大きく関わっているということを知り、定期的にインディバによる温熱療法を行うように。代謝も高まるので、痩せやすい体になります」

DATA
東京都渋谷区恵比寿西2-20-14
森川コロニー3F ☎03-3780-5770
http://www.solace-daikanyama.com/

小顔スタジオ 二子玉川店

「ただの小顔サロンというわけではなく、体の姿勢という軸を整えることで、それに連動して、筋肉や関節と連動してフェイスコンディションを整えるという切り口が面白い!」

DATA
東京都世田谷区玉川3-7-1
新二子玉川ビル5F ☎03-3700-2566
http://kogao-studio.jp/

CHAPTER 6

Hair

河北ヘア

面積を占める割合が多い分、全体の印象の7割がヘアにかかっている。メイクよりも二の次にされがちだけど、ファッション的要素も強いので、その日何を着るか決めたなら、ヘアスタイルをイメージしてからメイクをしよう。その順番を心がけると、全体のトータルバランスにまとまりが出て、洒落感が増す。ポイントを置くべきは、前から見た印象。極端な話、バックスタイルは時間をかけなくていい。前髪の根元をつぶしてフェイスラインに沿わせつつ、トップに立体感と高さを出す。そうすることで、小顔かつ立体的な顔立ちは、あっという間に手に入る。

CHAPTER 6：河北ヘア

河北ヘア MUST ITEMS
TOOL

ブラシ
とかすほどにツヤが増し、扱いやすい髪へ
猪毛とナイロンMIX。メイソンピアソン ポピュラーミックス ダーク・ルビー ¥18,000（オズ・インターナショナル）

ドライヤー
髪を乾かしながらヘアケアを同時に
「ナノイー」発生量がアップ。ヘアードライヤー ナノケア EH-NA98 白 ※オープン価格（パナソニック）

ヘアアイロン
髪に負担をかけずにツヤカールをメイク
スタイリングしやすい軽量アイロン。アイビル D2アイロン 32㎜ ¥9,600（トリコインダストリーズ）

ストレートアイロン
スタイリングしやすい軽やかさ
マイナスイオン効果でツヤ髪に。サロニア ダブルイオン ストレートアイロン ブラック ¥2,980（I-ne）

HAIR STYLING

スタイリング剤

海から上がった後の ようなドライ質感に

おしゃれな質感に。シーミストSスプレー〈シーソルトウィズラベンダー〉266mℓ¥3,000（ジョンマスターオーガニック）

キープスプレー

柔らかな毛流れを しっかりホールド！

ふんわり感を保ちながら1日スタイルキープ。エルネット サテン ローズフレグランス 207g ¥1,200（ロレアル プロフェッショナル）

HAIR CARE

シャンプー&コンディショナー

ゴワつきの原因を一掃し、 健やかな髪をサポート

髪内部の不要なカルシウムを取り除き、扱いやすい髪へ。ASIENCE MEGURI インナークレンジングシャンプー ベルガモット&ネロリの香り 300mℓ、同 濃密ジュレ 200g、同 インナーサプライ ヘアパック うるおい感のあるなめらかな仕上がり 220g 各※全てオープン価格（花王）

CHAPTER 6：河北ヘア

河北ヘアの基本

ボリューム不足やうねりなどの髪悩みを解消するだけでなく、
絶妙なおしゃれニュアンスまで手に入る、河北ヘアを徹底解剖！

FRONT　　　　　　　　　　　　SIDE

根元のクセをつぶして
ひし形シルエットに

根元を引っ張りながら、クセをつぶして乾かすことで、フェイスラインにかかる髪の流れが、自然とひし形シルエットに。小顔に見せるとともに、頭のカタチをキレイに見せてくれる。

髪の内側から乾かせば、
根元からボリュームUP

上からドライヤーを当ててしまうと、ボリュームを抑えてペタンコ髪に。内側から乾かすことで、根元が立ち上がり、自然なボリューム感が誕生。ふんわり柔らかに動く毛流れに。

毛先は柔らかな
ニュアンスをプラス

目指すのは、クセ毛を生かしたような柔らかな毛先ニュアンス。手でにぎりながらドライヤーを当てることで、自然と毛先が内巻きに。アイロンで巻かなくても軽やかな動きが誕生。

後ろに流して乾かすと
トップからふんわり

ペタンとしやすいトップの髪は、手ぐしで後ろへ流しながら乾かして。前髪のボリュームを抑えているので、自然なコントラストが誕生。逆毛を立てなくても美しいシルエットに。

☑ 河北ドライのPOINT
・前髪のクセをフラットな状態にする
・トップは後ろに流し、ふんわり立体的に
・前髪を中央でつまみ上げひし形シルエットに

| 顔まわりを濡らす | 前髪を手前に | サイドへ流す |

01 お風呂上がりでない場合は、顔まわりの髪のみ濡らす。生えグセや寝グセなどがフラットな状態に。

02 まずは前髪から乾かす。前髪を前へと手ぐしで流しながら、髪の根元に向かってドライヤーを当てる。

03 前髪を片側へ引っ張り、根元へドライヤーを当てる。反対側も同様に。ドライヤーは小刻みに動かして。

| 後ろへ流す | トップをつまむ | 毛先を丸めて動きをつける |

04 トップを後ろへ流しながらドライヤーを当てる。前髪のボリュームを抑えているので自然とふんわり。

05 中央で左右の前髪を引き寄せてつまみ、ドライヤーをON。顔に沿うような毛流れになり、小顔効果大!

06 毛先をふんわり丸め、ドライヤーを当てる。ゆるっとした動きが生まれるので、ヘアセット完了でもOK。

CHAPTER 6：河北ヘア

ウェーブの基本

作り込んでないのに、何だか色っぽい。どんな女性でも美人度が
増すと噂の河北流ウェーブ。テクいらず&時短に仕上がるのが嬉しい。

髪を前に出す

01 髪をざっくりと2束に分ける。前に出すと内側が巻きやすい。半顔分で3ブロックくらいに分けて。

内側の髪を巻く

02 3ブロックに分けたら、束ごとにさらに内側と表面に分ける。内側を毛先から32mmのアイロンで平巻き1回転。

表面の髪を巻く

03 内側の髪が巻き終わったら、表面も同様に毛先から平巻き1回転する。反対側の髪も同様に内側→表面の順で。

フェイスラインを巻く

04 フェイスラインの内側の髪をランダムに取り、細かく斜め巻き。無造作な動きが生まれ、小顔効果も大！

前髪はリバース巻き

05 根元のボリュームをつぶすように、引っ張りながらリバース巻き。顔まわりに影が生まれ、色気UP。

巻き終わりはこう！

06 毛先全体が内巻きのAラインシルエット。このままでは、ちょっぴり柔らかさが足りない様子。

☑ **ウェーブのPOINT**
・毛先は内巻き1回転のナチュラルカール
・前髪の根元をつぶして、顔まわりに沿わせる
・トップは立ち上げてひし形シルエットに

| トップを立ち上げる | スプレーでキープ | **FINISH!** |

07 根元をつぶしながら、トップを立ち上げ。サイドの髪が横に広がり、頭を美しく見せるひし形フォルムに。

08 髪の内側に空気を取り込むよう、スプレーをON。柔らかな毛流れはキープしつつ、崩れにくさがUP。

さらに色気UPを狙うなら……

分け目をCHANGE！

いつもの分け目とは逆側に、手ぐしでざっくりとかき上げる。根元が立ち上がり、トップに立体感が誕生。さらに小顔に見せてくれる効果が。

目にかかる影の効果でドラマティックな表情に！

CHAPTER 6：河北ヘア

KAWAKITA ウェーブ

まるで外国人のクセ毛風な質感がおしゃれなウェーブは、河北さんの完全オリジナル。トップからうねる、不規則な波状の動きがポイント。

根元近くを挟む

01 32mmのアイロンを用意。全体の髪を4束に分け、束ごとにアイロンのグリップを表側になるよう根元近くを挟む。

アイロンを手前に倒す

02 そのまま顔側に向かってアイロンを倒す。グリップは小刻みに動かしながら挟むと、丸みのあるクセがつく。

下へスライド

03 プロセス02で作ったカールの終わりを、アイロンで挟む。このとき、グリップは01同様に表側に。

アイロンを後ろ側に倒す

04 今度はプロセス02とは反対の後頭部側へ向かってアイロンを倒す。毛先は引っ張りながら巻いて。

下へスライド

05 さらにプロセス04で作ったカールの終わりをアイロンで挟む。このときもグリップの向きは表側。

手前に倒すのを交互に

06 今度は顔側にアイロンを倒す。この01～06の流れを交互に。後ろの髪は、手前に持ってきて巻く。

☑ KAWAKITAウェーブのPOINT
・厚めに毛束を取り根元から巻き込む
・顔まわりはリバース巻きで小顔に！
・バックは崩しつつ、顔まわりは崩しすぎない

毛先は平巻きに

07 毛束全体を巻き終えたら、毛先は全て平巻きに。丸みのある毛流れになり、柔らかな雰囲気に。

前髪はリバース巻き

08 根元をつぶすように引っ張りながら、前髪はリバース巻き。顔まわりに沿うような毛流れになり、小顔効果を狙える。

巻き終わりはこんな感じ

09 外国人風のクセ毛ウェーブが完成。全体のシルエットはAライン。空気を含んでいないので少し重ため。

空気を入れ込んで崩す

10 根元を立ち上げるように崩してボリュームアップ。ただし、顔まわりは崩しすぎないのがポイント。

毛束をさいてふんわり

11 毛束をランダムにさいて、ふんわりボリュームアップ。空気をたっぷり含むので、無造作感が高まる。

FINISH!

CHAPTER 6：河北ヘア

河北アレンジ法

凝ったアレンジは、野暮ったい印象になるだけ！3ステップで
おしゃれにキマるシンプルアレンジで、大人の余裕をかもし出して。

ARRANGE 1 寄せる

サイドに寄せただけなのに、女っぽさ抜群。もみあげのおくれ毛を残し小顔も狙って。

SIDE

FRONT

01 手ぐしでざっくりと7：3に。分け目はキッチリとはせず、あいまいにするとトップの立体感が出やすい。

02 えり足の髪はブラシでサイドに流し、うなじをチラ見せ。ブラシを使うことで、毛流れが整い上品な印象。

03 もみあげのおくれ毛を、ストレートアイロンで内巻き。顔まわりの毛の毛先にニュアンスを出すと、こなれた印象に。

☑ 河北アレンジのPOINT
・ニュアンスが出るようベースを巻いておく
・凝ったことはせず、シンプルアレンジが基本
・おくれ毛は少量、こめかみ&もみあげ程度

ARRANGE 2

結ぶ

疲れた印象になりかねない、低めのひとつ結び。顔まわりのニュアンスが老け顔を回避。

SIDE　　　FRONT

01 前髪をセンターで分け、低めにひとつ結び。毛束から少量髪を取り、結び目に巻きつけ、ピンでとめる。

02 もみあげの髪をつまみ出し、おくれ毛にすると、無造作感UP。パサつかないよう、スタイリング剤をON。

03 崩れないよう結び目を押さえながら、トップをつまみ出す。横から見たときに丸みのあるシルエットに。

CHAPTER 6：河北ヘア

ARRANGE **3** # まとめる

キッチリしすぎるとコンサバに見えてしまうまとめ髪は、顔まわりに動きを出して。

SIDE　　　　　　　　FRONT

01 顔まわり＆もみあげのおくれ毛は残し、無造作感を演出して。髪全体は、きっちりめにひとつ結び。

02 ひとつに結んだ毛束を、毛先までクルクル。崩れにくさを高めるため、しっかり固めにねじって。

03 ねじった毛束を結び目に巻きつけ、ピンで固定。顔まわりの髪は、目にかかるようにすると、色っぽい。

ヘアにまつわるトラブルQ&A

なんだかスタイルがキマらない！ 年々扱いずらくなってきたような……。
そんなヘアにまつわるお悩みを、元・美容師の肩書きを持つ河北さんがアンサー！

\ふわっと/

**Q：夕方になるとトップが
ペタンとしてしまいます**

**A：根元にフェイスパウダーを
なじませて髪の油分をオフ**

髪の油分が原因なので、指先に軽くフェイスパウダーを取り、根元になじませながらトップを立ち上げる。それだけでトップに立体感と高さが生まれ、ふんわり。小顔効果もUP。

\髪にも使える！/

**Q：白髪はやっぱり
抜かない方がいいですか？**

**A：チラッと見える程度の白髪は、
マスカラでカバーできます**

生え際に生える白髪は、抜いてもいたちごっこになってしまうので、マスカラでカバーするのがおすすめ。ヘア用のマスカラもありますが、眉用マスカラで代用してもOK。ただしベタ塗り禁止。

濃いめブラウンならナチュラル！ ニュアンス アイブラウ マスカラ 02、01 ¥3,200（スリー）

Q: 産後、抜け毛やくせ毛といったヘアトラブルが勃発！
A: 早めのケアと使うアイテムで、美髪を取り戻して

出産後はどうしてもホルモンの影響で、一時的なものの、毛質が変わり抜け毛やクセ毛を引き起こすことも。それを予防するためにも、出産前からの頭皮ケアがおすすめ。また、シャンプーやトリートメントもクセ毛専用のもの、もしくはしっとりとした仕上がりのものでクセを伸ばすのが◎

左から：+マッサージを。アデノバイタル アドバンスト スカルプエッセンス［医薬部外品］180㎖ ¥7,000（資生堂プロフェッショナル）、髪の水分量を整え、潤う髪へ。オージュア アクアヴィア シャンプー 250㎖ ¥2,500、同 ヘアトリートメント モイスト 250g ¥3,500（ミルボン・美容室専売品）

＼本当に生えます／

＼頑固なクセ毛にも負けない！／

Q: 自分に似合う髪色がわかりません
A: なりたいイメージで選べばOK

似合う髪色は肌の色味や、もともとの髪色もあるので、人それぞれ。いつも着る服や、なりたいイメージなどをもとに、カラーを選んで。白髪が気になる人は、暗めカラーだとコントラストが強く出てしまうので、明るめカラーがおすすめ

クールな 印象にしたいなら	▶	アッシュやマットな **寒色系**
優しい 雰囲気に見せたいなら	▶	カッパーや ピンクブラウンの **暖色系**
白髪が 気になる人は	▶	**明るめの** カラーを

カラーの前日は洗髪しないこと！
頭皮に残る油分が、カラー剤の刺激から毛穴を保護する役割が。できれば2日は洗わないでほしいけど、厳しい場合は1日でもOK

Q： 分け目がパックリ！ どうすれば？
A： いつもの分け目とは逆サイドへ流して、トップふんわり

パックリ分け目はクセがついてしまっているので、まずは水で根元を濡らして。反対側へ流しながらドライヤーを当てることでクセを修正。

\ パックリ /

01 いつもの分け目とは反対側に流し、分け目部分に上からドライヤーを当てて。根元に空気を含んで、自然とふんわり！

02 分け目はキッチリせず、かき上げるように手ぐしで分けるのがポイント。分け目が曖昧になり、トップに立体感が誕生。

低刺激なので安心！

Q： 髪と一緒に、
　　眉毛やまつ毛も薄くなってきた…
A： 毛はどこも大事！
　　なくなる前に専用セラムの
　　ケアを習慣にして

まつ毛だけでなく、眉毛の薄い人＆少ない人にぜひトライして欲しいのが、美容液での育毛ケア。まつ毛美容液を塗る延長で眉毛にも塗ってみて。

保湿成分＆美容成分を20種類以上配合。まつ毛のエイジングケアも同時に叶える。アイラッシュセラム 7㎖ ¥2,800（エトヴォス）

KAWAKITA COLUMN

長谷川潤と考える
大人のヘアメイク

今回、カバーを務めてくれた長谷川潤さんは、河北
メイク歴、13年(!)という、家族的存在。今でこそ
ヘルシーの代名詞である存在の彼女が、このスタ
イルを確立するまでを語ってくれました。

> 河北メイクの原点は潤 —— 河北

潤（以下J） はじめての出会いは、もう10年以上前かな。まだ私は駆け出しで、今の父さん（※河北さんのあだ名）もこんなに有名じゃなかった。

河北（以下K） 迷走中だったよね。潤は細眉だったし。俺はギャル男みたいな格好してた（笑）。

J 確かに—（笑）。今でこそ、太眉は私の個性だけど、当時はコンプレックスだった。

K ここに至るまで、話せば長くなる長い道のりがあるんだよ。

J ブレブレだったから。先輩の真似したり、似合わない格好ばかりしてたもん。父さんも、ベースメイク厚かったよね（笑）。

K そうそう。でもあるとき、潤の個性を生かさないと、もったいないなって気づいた。

J ベースメイクが厚くなると、それに負けないようにと、他のパーツもどんどん盛らなきゃってなるじゃない？ そうなると、どんどん"私"じゃなくなっていくんだよね。

K 肌をミニマムにして、自眉を活かしたら、すごくしっくりきて。やっぱり、パーソナリティーを生かさないと、メイクじゃなくて仮面になっちゃうんだよ。

J そう。私、20代の頃まで「人に好かれたい」ってことばかり考えていたの。周りから「どう見られているか」ばかり気にして、求められることにただ応えるだけ。でもある日、それは相手に対して失礼だなって気づいた。それこそ、パーソナリティーがないってことだし。それで、「自分はどう見られたいのか」「どういう女性になりたいのか」と意識するようにしたら、世界がガラッと変わって。コンプレックスも受け入れられるようになったの。

K 自分にしかない個性や、目指すべき女性像に気づけたら、それに勝る強みはないよね。

J でもそれは、父さんと出会えて色んなヘアメイクにトライしてきたからこそ、気づけたの。

K それを言うなら俺もでしょ。いつも新しい提案してくれるし、インスピレーションをもらってる。潤は俺のメイクのルーツだから。

J じゃあいっそ『長谷川メイク論』にする（笑）？

K それはアカンやろ！

> コンプレックスを受け入れたら世界がガラッと変わった —— 潤

長谷川潤●はせがわじゅん　1986年アメリカ合衆国生まれ、ハワイ育ち。15歳からモデル活動をはじめ、現在は様々な雑誌のカバーを飾るほか、CMなどで幅広く活躍。
instagram : @ liveglenwood

大人の女性のためのKAWAKITA語録

メイクに客観性を

チークに頼るな、リップを信じろ

美しさとは個性である

メイクが上手いのではなく、素肌から綺麗だと思わせる

知性や強さが色気を宿す

みんなと一緒でいいわけ？　赤LIPは着こなし

自分の顔と真っ向から向きあう

COMPLEXは自分次第　睡眠、食事、保湿

年齢と経験が、深みになり
色気になる ツヤが生命力を与える

"やりました"感のない余裕を持つ　LIFE STYLEは顔に出る

誰かになるな、個性を
活かせ シンプルメイク is
BEAUTIFUL!

STORES

e.m. 表参道店　☎ 03-5785-0760

I-ne お客様相談窓口　☏ 0120-333-476

イヴ・サンローラン・ボーテ　☎ 03-6911-8563

SK-Ⅱ　☏ 0120-021-325

エイベックス ビューティー メソッド　www.abms.jp

エトヴォス　☏ 0120-0477-80

オズ・インターナショナル　☎ 03-6732-1550

貝印お客様相談室　☏ 0120-016-410

花王　☏ 0120-165-692

カネボウインターナショナル Div.　☏ 0120-518-520

カネボウ化粧品　☏ 0120-518-520

クオレお客様相談窓口　☏ 0120-769-009

コーセー コスメニエンス　☏ 0120-763-328

コスメデコルテ　☏ 0120-763-325

資生堂お客様窓口　☏ 0120-81-4710

資生堂インターナショナル　☏ 0120-30-4710

資生堂プロフェッショナル　☏ 0120-81-4710

ジョンマスターオーガニック　☏ 0120-207-217

THREE　☏ 0120-898-003

SUQQU　☏ 0120-988-761

トムフォード ビューティお客様お問い合わせ先　☎ 03-5251-3541

トリコインダストリーズ　☎ 06-6567-2870

ノースラン　☎ 06-6927-1109

バーバリーお客様窓口（化粧品）　☏ 0120-77-1141

パナソニックお客様ご相談センター　☏ 0120-878-697

フランシラお客様相談窓口　☎ 03-3444-8743

ポーラ　☏ 0120-117-111

ボビイ ブラウン　☎ 03-5251-3485

M・A・C お客様お問い合わせ先　☎ 03-5251-3541

ミルボンお客様窓口　☏ 0120-658-894

メイベリン ニューヨーク　☎ 03-6911-8585

メルシス（ローラ メルシエ）　☏ 0120-343-432

リエディ　☎ 06-6214-3503

ロレアル プロフェッショナル　☎ 03-6911-8321

CREDIT

[スタッフ]

撮影 　　　　　　　　　彦坂栄治（まきうらオフィス）／人物

　　　　　　　　　　　　橋口恵祐／静物

スタイリスト 　　　　　百々千晴

　　　　　　　　　　　　佐藤恵美

モデル 　　　　　　　　長谷川潤

　　　　　　　　　　　　amako

　　　　　　　　　　　　梅澤レナ

　　　　　　　　　　　　篠原美由紀

　　　　　　　　　　　　忍舞

　　　　　　　　　　　　高橋絵美

　　　　　　　　　　　　福田明子

　　　　　　　　　　　　松田園子

　　　　　　　　　　　　松永ちさと

　　　　　　　　　　　　ミサト

イラスト 　　　　　　　陸空

デザイン 　　　　　　　吉田貴雪（PLUS AND MINUS）

レタッチ 　　　　　　　桧垣欣也（レタッチルーム）

カメラマンアシスタント 　上田朋衛

DTP 協力 　　　　　　ローヤル企画

編集 　　　　　　　　　谷口絵美

　　　　　　　　　　　　天野宏香（宝島社・otona MUSE）

　　　　　　　　　　　　花塚寿美礼（宝島社）

　　　　　　　　　　　　三浦祥子

[衣裳]

〈 P. 25 　下 〉　　　　ピアス ¥56,000（リトル エンブレム／e.m. 表参道店）

〈 P. 29 　上 〉　　　　トップス ¥2,128（リエディ）

　　　　　　　　　　　　ネックレス ¥44,000（e.m. ／e.m. 表参道店）

〈 P. 31 　下 〉　　　　ピアス ¥25,000（リトル エンブレム／e.m. 表参道店）

その他衣装は全てスタイリスト私物

EPILOGUE

おわりに

この本を手にとっていただき、ありがとうございます。
誰かの真似や、若い子と同じことをするより、自分の最高の顔
に出会えるきっかけを、作ることができたらと思っています。
大人は、生きてきた分だけ深みがあり、それが色気になると思
っています。
必要以上に若く見せるのではなく、今の自分をシンプルに美し
く見せられれば、これ以上素敵な事はないです。
ぜひ、自分の顔や個性と向き合い、
大人のメイクをしてみてください。

この本に携わっていただいた、長谷川潤さん、モデルの皆さん、
カメラマンの彦坂さん、橋口さん、スタイリストの百々さん、佐
藤さん、デザイナーの吉田さん、そしてたくさんのワガママを
聞いてくれた編集の天野さん、ライター谷口さん。
いつも支えて力をくれる妻、子供達。
本当にありがとうございました。

河北 裕介

河北 裕介（かわきた ゆうすけ）

1975年京都府生まれ。1994年よりヘアスタイリストとして活動開始。その後、ヘア＆メイクアップアーティストとして、数多くの雑誌やカタログ、広告等で幅広く活躍。これまで携わった女性誌のカバーは300冊以上。常に時代の先を読み提案し続け、その卓越した技術、センスには定評がある。女優・モデルからのオファーが絶えない、いま最も旬なヘア＆メイクアップアーティストの一人。夫人は美容家の神崎恵氏。
http://www.yusukekawakita.com
Instagram ID：kawakitayusuke

河北

大人メイク論

2017 年 3 月 29 日　第 1 刷発行

著　者　　河北裕介

発行人　　蓮見清一

発行所　　株式会社宝島社
　　　　　〒102-8388　東京都千代田区一番町 25 番地
　　　　　電話　編集：03-3239-0926
　　　　　　　　営業：03-3234-4621
　　　　　http://tkj.jp

印刷・製本　　図書印刷株式会社

本書の無断転載・複製を禁じます。
乱丁・落丁本はお取り替えいたします。

©Yusuke Kawakita 2017 Printed in Japan
ISBN978-4-8002-6553-1